Printed by BoD™ in Norderstedt, Germany

AF114565

9 789358 721164

سردار جعفری

(بچوں کے لیے سوانحی کہانی)

مصنفہ:

رفیعہ شبنم عابدی

© Rafia Shabnam Abidi

Sardar Jaffri *(A biography for kids)*
by: Rafia Shabnam Abidi
Edition: July '2023
Publisher:
Taemeer Publications (Hyderabad, India)

ISBN 978-93-5872-116-4

مصنف یا ناشر کی پیشگی اجازت کے بغیر اس کتاب کا کوئی بھی حصہ کسی بھی شکل میں بشمول ویب سائٹ پر اَپ لوڈنگ کے لیے استعمال نہ کیا جائے۔ نیز اس کتاب پر کسی بھی قسم کے تنازع کو نمٹانے کا اختیار صرف حیدرآباد (تلنگانہ) کی عدلیہ کو ہوگا۔

© رفیعہ شبنم عابدی

کتاب	:	**سردار جعفری**
مصنفہ	:	**رفیعہ شبنم عابدی**
صنف	:	ادب اطفال
ناشر	:	تعمیر پبلی کیشنز (حیدرآباد، انڈیا)
سالِ اشاعت	:	۲۰۲۳ء
تعداد	:	(پرنٹ آن ڈیمانڈ)
صفحات	:	۲۶
سرورق ڈیزائن	:	تعمیر ویب ڈیزائن

اُچھلتی کُودتی ندیوں، ہرے بھرے کھیتوں، سرسبزوادیوں اور اونچی اونچی پہاڑیوں سے مالا مال ملک ہندستان کسی جنّت سے کم نہیں اس کے تین طرف بے کراں سمندر کی نیلی لہریں ہیں تو اس کے سر پر ہمالیہ کا برفیلا تاج۔ آسمان سے باتیں کرتی ہوئی ہمالیہ کی برف پوش چوٹیاں اور اس کے دامن میں بسی ہوئی خوب صورت بستیاں۔ ہمالیہ کی ترَائی میں ایک ایسا ہی خوب صورت گانْو آباد ہے، جسے لوگ بلرام پور کہتے ہیں۔ یہ پندرہ بیس ہزار کی آبادی کا ایک چھوٹا سا قصبہ ہے۔ جو کبھی تعلقہ داری ریاست تھا۔ یہاں کے تعلّقہ دار مہاراجا کہلاتے تھے۔ یہ ریاست بڑی ہی خوبصورت تھی۔ دُور سے دیکھو تو قدرت کے عجیب نظارے آنکھوں کے سامنے نظر آتے تھے۔ قصبہ کے ایک طرف ایک پتلی سی سڑک کے کنارے گھوڑوں کا ایک اصطبل تھا اور اسی کے قریب ہاتھی کا ایک تھان تھا جس میں بچّوں کی چہیتی رام پیاری ہتھنی گنّے کھایا کرتی تھی۔ پاس ہی ایک خوبصورت سا تالاب تھا جس کے صاف و شفاف پانی میں تلپٹ کے ہرے ہرے پتّے اور نیلے نیلے پھول ہروقت تیرتے دکھائی دیتے تھے۔ گانْو کے نوجوانوں کے لیے

تو تالاب خاص دلچسپی کا سبب تھا کیونکہ اس میں روہو مچھلیاں بکثرت موجود تھیں جن کا شکار کرنا اُن کا پسندیدہ مشغلہ تھا۔

سڑک کی دوسری طرف لال اینٹوں کی قدّ آدم دیوار سے گھرا ایک احاطہ تھا۔ جس کے اندر بیلا، گلاب، اور چمپا کے گملوں سے مالا مال ایک خوبصورت ٹینس کورٹ تھا اور سامنے ہی ایک بڑا سا پھاٹک جس کی اونچائی کا یہ عالم تھا کہ اس کے نیچے سے ایک ہاتھی بہ آسانی گزر سکتا تھا۔ اندر قصبے کے سب سے پُرانے نیم کے چاروں طرف بنے ہوئے مکانات کا سلسلہ تھا۔ انھیں میں ایک بڑی سی کوٹھی تھی، جو دور ہی سے نمایاں نظر آتی تھی۔ بڑے اور روشن کمروں اور چوڑے برآمدوں کی عمارت، یہ کوٹھی سیّد صاحب کی کوٹھی کے نام سے پہچانی جاتی تھی۔ اس کے مالک سیّد مہدی حسن تھے جو رہنے والے تو آگرے کے تھے لیکن ان کے خاندان کے ایک بزرگ جو بلرام پور کے تعلقے دار کے ملازم تھے اور انھوں نے تعلقہ دار کو مہاراجا کا خطاب دلوانے میں مدد کی تھی۔ لہٰذا مہاراجا نے خوش ہوکر انھیں ریاست کی طرف سے پانچ گانوٗ بطور جاگیر دے دیے تھے۔ اس لیے یہ خاندان یہیں بس گیا تھا، ان میں باغات تھے اور زرعی زمین بھی۔ لہٰذا اناج اور غلّے کے علاوہ آم، لیچی وغیرہ بھی خوب پیدا ہوتی تھی۔ سالانہ پیداوار کا کچھ حصّہ لگان کے طور پر ریاست کے خزانے میں چلا جاتا تھا۔ باقی کے مالک مہدی حسن ہی تھے۔ ان کے انتقال کے بعد اُن کے بیٹے جعفرطیّار ریاست بلرام پور کے اسلحہ خانے اور توشہ خانے کے افسر مقرر ہوئے۔ بستی کے لوگ انھیں بڑے بھیّا کہہ

کر پکارتے تھے۔ اُن کے چھوٹے بھائی حیدر کرّار اسسٹنٹ منیجر اور آنریری مجسٹریٹ کے عہدے پر فائز تھے اور بستی والے انھیں سیّد صاحب کے نام سے بلاتے تھے۔ احمد مختار سیّد صاحب سے چھوٹے تھے اور اپنے وقت کے بہترین فوٹو گرافر ہونے کے علاوہ مہاراجا بلرام پور کے ولی عہد کے اتالیق تھے۔ یہ خاندان گانو بھر میں بڑی عزت کی نگاہ سے دیکھا جاتا تھا کیونکہ یہ لوگ بڑے ایماندار اور مذہبی تھے۔ گھر کی عورتیں سخت پردہ کرتی تھیں۔ لڑکیوں کی تعلیم گھر ہی میں ایک اُستانی کے ذریعہ ہوتی تھی۔ گھر کے تمام افراد صوم و صلوٰۃ کے پابند تھے اور تمام مذہبی رسومات کے قائل۔ محرّم بڑے جوش اور عقیدت سے مناتے تھے۔

آج بھی بقرعید کی ۲۶ر تاریخ تھی اور ۲۹ر نومبر ۱۹۱۳ء کا دن تھا۔ کوٹھی کے زنانہ حصّے میں ایک ہلچل سی تھی۔ کچھ ہی دیر بعد بڑے بھیّا یعنی جعفرطیّار کو یہ خوشخبری ملی کہ اُن کے یہاں ایک خوبصورت 'گورا چِٹّا' تندرست سا بیٹا پیدا ہوا ہے۔ جعفرطیّار کی خوشی کی انتہا نہ رہی۔ یہ بچّہ پانچ بہنوں اور ایک بھائی کے بعد پیدا ہوا تھا اس لیے کہانی کے ساتویں شہزادے کی سی حیثیت رکھتا تھا۔ جعفر طیّار خوشخبری پاتے ہی دوڑے دوڑے زنان خانے میں پہنچے۔ بچّے کو نہلانے دھلانے کے بعد خاندانی دستور کے مطابق سب سے پہلے اس کے ایک کان میں اذان اور دوسرے کان میں اقامت سنائی گئی۔ ساتویں دن دھوم دھام سے عقیقہ ہوا۔ عزیز رشتہ دار اور دوست احباب کو دعوت نامے بھیجے گئے۔ جعفر طیّار کے ایک بے حد قریبی دوست فرّخ حسن

جو شاعر بھی تھے، دوڑے دوڑے آئے اور بچّے کو دیکھتے ہی مبارکباد دی اور تاریخ پیدائش نکالی۔

دیا حق نے جعفر کو ثانی پسر
ہر ایک دیکھ کر جس کو شیدا ہوا
کہی دل نے تاریخ اس دم مرے
مبارک خوش اقبال پیدا ہوا

"یہ بچّہ بلند اقبال ہوگا اور دنیا میں خاندان کا نام روشن کرے گا۔ یہ یقیناً لوگوں کا سردار ہوگا۔" یہ وہی بچّہ ہے جو آگے چل کر فرّخ حسن کی پیش گوئی کے مطابق سب کا سردار بنا اور ادب میں علی سردار جعفری کے نام سے مشہور ہوا۔

سردار جعفری بچپن ہی سے شعر گوئی کا ملکہ لے کر آئے تھے۔ جب وہ دو سال کے تھے تو اُن کی دوسری بہن پیدا ہوئی اور انھیں ماں کی گود سے ہٹا کر بڑی بہن زبیدہ کے سپرد کردیا گیا۔ وہ اپنی ماں سے بہت مانوس تھے۔ اس لیے ماں سے جدائی انھیں بہت ناگوار محسوس ہوئی۔ فوراً انھوں نے اپنی تتلاہٹ میں یہ شعر پڑھا۔

اُوپل سے گُلی ٹھیکری ' بادام ' چھوالا
اس منّی نے بھابی کی گودی سے نکالا

سردار جعفری بچپن ہی سے بہت ذہین تھے اور اُن کی عادتیں بھی عام بچّوں سے بالکل مختلف تھیں۔ گھر میں بچّوں کو انگریزی پڑھانے کے لیے ایک منشی جی آتے تھے۔ جب منشی جی پڑھاتے تو سب لڑکے اُن کے قریب بیٹھ کر حساب کے سوال کرتے اور انگریزی

کا سبق یاد کرتے لیکن سردار جعفری پاس کے امرود کے پیڑ پر چڑھ جاتے اور اس کی کسی شاخ پر بیٹھ کر اپنا کام کرتے۔ منشی جی چلّاتے۔

"ارے تو ہمرے کپار پر کاہے چڑھے ہو' نیچے اترو" سردار وہیں بیٹھے بیٹھے جواب دیتے۔

"منشی جی! تازہ ہوا میں سوال جلد حل ہوجاتے ہیں۔"

منشی جی اُن کی اِس حاضر جوابی پر خاموش ہوجاتے۔ اُن کی حاضر جوابی اور ذہانت کی وجہ سے گھر کے اکثر افراد اُن سے بہت محبّت کرتے تھے۔ خصوصاً جعفر طیّار تو اپنے بیٹے کو اپنی نظر سے اوجھل ہونے نہ دیتے۔ ہمیشہ ساتھ ساتھ رکھتے' جہاں بھی جاتے انھیں ساتھ لے جاتے۔ سردار جعفری کے کوٹھی کے قریب ایک گرلس اسکول کی عیسائی ہیڈ مسٹریس مس برچ رہتی تھیں وہ اکثر اُن کے پاس چلے جاتے' مس برچ انھیں بے حد پیار کرتی تھیں اور دھیرے دھیرے انگریزی بولنا سکھاتیں۔ اس طرح انھوں نے بہت جلد انگریزی بولنا سیکھ لیا۔ چھے سات سال کی عمر ہی میں انھوں نے تقریباً پانچ سو اشعار اردو کے زبانی یاد کرلیے۔ یہاں تک کہ اگر کوئی شخص ان سے کسی قسم کا سوال کرتا تو وہ اس کا جواب فوراً کسی مناسب شعر میں دیتے اور سامنے والا اُن کی ذہانت کا قائل ہوجاتا۔

ایک دفعہ کا ذکر ہے کہ سردار اپنے ہم جولیوں کے ساتھ ٹینس کھیل رہے تھے۔ اچانک کسی کام سے بڑے بھیاّ کے ایک خاص دوست تشریف لائے۔ انھیں آتا دیکھ کر تمام بچّوں نے احتراماً کھیل بند کردیا اور قریب جاکر انھیں سلام کیا۔ لیکن سردار جعفری دور ہی

کھڑے رہے اور وہیں سے انھیں سلام کیا۔ اُن صاحب کو یہ بات کچھ پسند نہیں آئی۔ انھوں نے فوراً سردار کو ٹوکا۔

"میاں! تم نے قریب آکر سلام کیوں نہیں کیا؟"

سردار نے جواب میں فوراً یہ شعر پڑھا۔

محروم میں نہیں ہوں سلام حضور سے
پاس ادب یہی ہے کہ مجرا ہو دور سے

وہ یہ جواب سُن کر بے حد خوش ہوئے۔ اندر جاکر بڑے بھیّا کو اُن کے صاحبزادے کی حاضر جوابی کا واقعہ سنایا اور بولے۔

"سردار تو ماشاء اللہ اتنی چھوٹی سی عمر میں ایسا حاضر جواب ہے کہ میں لاجواب ہوگیا——" جعفر طیّار سُن کر مسکرائے اور چُپ چاپ اپنے ہونہار بچّے کے مستقبل کے بارے میں کچھ سوچنے لگے۔

ریاست بلرام پور میں ہر سال دسہرہ اور دیوالی کے تہواروں پر نئے آرائشی سامان، کپڑے اور زیورات خریدے جاتے تھے۔ عمدہ قسم کا سامان خریدنے کے لیے شہر جانا پڑتا تھا اور جعفر طیّار چونکہ ریاست کے افسر تھے، لہٰذا اکثر وہی سامان پسند کرکے آرڈر دیتے تھے۔ اس غرض سے انھیں ایک بار دربھنگہ جانا پڑا۔ حسب معمول سردار، باپ کے ساتھ ساتھ دربھنگہ میں ایک انگریز تاجر کی دکان سے سامان خریدنے گئے مگر وہ معاملات طے کرنے میں بڑی دیر لگا رہا تھا۔ سردار جعفری بچّے تو تھے ہی بے چین ہوگئے اور اس سے انگریزی میں کہا۔

"مجھے اپنی ماں بہت یاد آرہی ہیں۔ برائے مہربانی آپ جلدی معاملہ طے کیجیے" اس زمانے میں ایک کم عمر ہندستانی بچّے کی زبان

سے انگریزی سُن کر وہ دکاندار بڑا متاثر ہوا۔ پوچھا۔

"یہ لڑکا کون ہے؟"

جعفر طیّار نے جواب دیا "میرا بیٹا ہے۔ اور اب اسے ماں اور گھر بہت یاد آرہا ہے۔"

انگریز دکاندار نے دلچسپی لیتے ہوئے سردار سے دو چار سوال اور پوچھے اور اُن کا جواب سُن کر اتنا خوش ہوا کہ فوراً سودا طے کردیا اور بولا۔

"اب تم اپنی ماں کے پاس جاسکتے ہو۔"

سردار جعفری کو بچپن ہی سے انگریزی سے دلچسپی تھی' حالانکہ ان کا گھرانا مذہبی تھا اور اسی لیے اُن کے والد انھیں مجتہد بنانا چاہتے تھے۔ سات آٹھ سال کی عمر میں انھیں لکھنؤ کے سلطان المدارس میں داخل کردیا گیا۔ وہاں عربی اور فارسی کی تعلیم دی جاتی تھی اور پھر کچھ سالوں کے بعد عراق بھیج دیا جاتا تھا تاکہ باقاعدہ اجتہاد کی سند حاصل کر سکیں لیکن سردار جعفری بچپن ہی سے سرکش واقع ہوئے تھے۔ انھوں نے خاندان کی اس روایت کے خلاف بغاوت کردی اور دو مرتبہ لکھنؤ سے بھاگ کر بلرام پور آگئے۔ انھیں گھر والوں نے لاکھ سمجھایا مگر اُن کا دل مدرسے میں نہ لگا۔ تیسری مرتبہ وہ واپس آئے تو جعفر طیّار سمجھ گئے کہ اس طرح سختی سے کام لینا بیکار ہے۔ لہٰذا بڑے پیار سے اپنے پاس بُلا کر اُن سے پوچھا کہ "تم کیا پڑھنا چاہتے ہو؟"

سردار جعفری نے جواب دیا۔

"میں انگریزی پڑھوں گا۔ میرا دل وہاں نہیں لگتا۔"
یہ جواب سنتے ہی زمانہ شناس باپ نے بیٹے کو ایک انگریزی استاد ماسٹر بشیر کے حوالے کر دیا جو بڑی محبت اور محنت سے انگریزی پڑھاتے تھے۔ اب سردار جعفری نے باقاعدہ طور پر بلرام پور ہائی اسکول میں تعلیم حاصل کرنا شروع کی۔

اسکول کی پڑھائی سے فرصت ملتی تو وہ دوسری دلچسپیوں میں وقت گزارتے۔ مثلاً گھوڑ سواری، درختوں پر چڑھنا اور کتابیں پڑھنا۔ اسی دوران انھوں نے چھوٹے موٹے مضامین لکھنا بھی شروع کردیے۔گھر میں مذہبی، اخلاقی اور سماجی موضوعات سے متعلق کتابوں کا اچھا خاصا ذخیرہ موجود تھا۔ گھریلو ماحول بھی علمی و ادبی فضاؤں سے مالا مال تھا۔ تمام بھائی بہن اچھا خاصا علمی و ادبی ذوق رکھتے تھے۔ گھر میں اکثر راتوں میں علمی و ادبی محفلیں سجتیں۔ مختلف کتابیں پڑھی جاتیں۔ بحث مباحثے ہوتے۔ اس ماحول میں سردار جعفری کے ادبی شعور کو بیدار ہونے میں دیر نہیں لگی۔ اسکول سے لوٹنے کے بعد وہ اپنا بیشتر وقت افسانے لکھنے میں گزارنے لگے۔ ایک روز اپنا ایک افسانہ ادھورا چھوڑ کر وہ چائے پینے چلے گئے کہ اُن کی چھوٹی بہن ستارہ وہاں کسی نئی کتاب کی تلاش میں چلی آئیں اور اُن کی نظر سردار جعفری کے افسانے پر پڑگئی۔ عنوان تھا۔ "آتشیں قیس" اُن کی تحریر دیکھ کر وہ چونک گئیں۔ سردار جعفری بہت گھبرائے کہ اب گھر والوں کو پتا چل جائے گا اور اُن کی خیر نہیں۔ بہن کو ہزار خوشامد سے اِس بات پر راضی کر لیا کہ یہ بات راز رہے گی اور کسی کو معلوم نہ ہوگا۔ اس

کے بعد انھوں نے کئی افسانے لکھے۔ بہنیں چوری چھپے تلاش کر کے انھیں پڑھتیں اور لطف لیتیں۔

اسی زمانے میں سردار کے بڑے بھائی بھی کانپور سے تعلیم مکمل کر کے گھر آگئے اور انھوں نے ایک ہفتہ وار اخبار "ہم صفیر" نکالنا شروع کیا۔ سردار جعفری اس اخبار میں مضامین اور افسانے لکھنے لگے۔ جس میں وہ اپنے خیالات کا بے باکی سے اظہار کرتے۔ بڑے بھیاّ کے ایک دوست التجا حسین جو بڑے مذہبی تھے' ان مضامین کا مطالعہ کرنے کے بعد ایک دن اُن کے گھر آئے اور بولے۔

"آپ نے غور کیا۔ سردار کے مضامین سے موجودہ حکومت کے خلاف بغاوت کی بُو آتی ہے۔ وہ ابھی کم سن ہے۔ ان کے خیالات ادھر سے ہٹا کر مذہبی راستے پر لانا چاہیے۔ خدانخواستہ کوئی بات ہوگئی تو خاندان کی بدنامی ہوگی۔"

جعفر طیاّر کچھ پریشان سے ہوگئے۔ کیونکہ اس وقت اُن کے چھوٹے بھائی برٹش گورنمنٹ کی اسمبلی کے ممبر تھے اور کئی گولڈ میڈل حاصل کر چکے تھے۔ آخر غور و خوض کے بعد یہ طے پایا کہ کسی بھی شب جمعہ کو مجلس یا میلاد کے موقع پر سردار کو حدیث پڑھنے پر اصرار کیا جائے۔ آخر یہی ہوا۔ سردار حدیث پڑھنے کے لیے تیار ہوگئے۔ انھوں نے پہلی ہی مجلس بڑے جوش و خروش سے پڑھی۔ تمام لوگوں نے اُن کی حدیث خوانی کو بے حد پسند کیا۔ اسی سال تیرہ رجب کو حضرت علیؑ کی ولادت کے جشن کے موقع پر اُس زمانے کے مشہور شاعر تاباں بدایونی کو مدعو کیا گیا۔ تاباں سے پہلے سردار جعفری نے منبر

پڑ بیٹھ کر اپنی ایک نئی رباعی پڑھی۔ رباعی سنتے ہی تاباں پھڑک اٹھے اور بڑھ کر سردار کو گلے لگا لیا۔ اور بولے

"ابھی تک میں سمجھتا تھا میرا فن میرے ساتھ دفن ہو جائے گا لیکن آج مجھے ایسا قابل لڑکا ملا ہے جس کے سینے میں اپنا سارا علم بھر دوں گا۔ میرے بعد یہ اس کو زندہ رکھے گا۔"

سردار جعفری بچپن میں مولوی صاحب سے پیغمبروں کی کہانیاں سُن چکے تھے۔ اُن کا نتیجہ یہ نکلا کہ وہ تمام قصّے 'حالات اور قرآن کی آیتیں سردار جعفری کو زبانی یاد ہوگئیں اور انھیں یہ احساس ہوگیا کہ "حق اور صداقت کے لیے جان کی بازی لگا دینا انسانیت کی سب سے بڑی دلیل ہے" پھر اسی زمانے میں انھوں نے دو نہایت اہم کتابیں پڑھیں۔ ایک مہاتما گاندھی کی کتاب "تلاشِ حق" اور دوسری پلوٹارک کی کتاب "مشاہیر یونان و روما" کا اردو ترجمہ۔ ان کتابوں کے مطالعے نے اُن کی زندگی کی کایا ہی پلٹ دی۔

ایک طرف سردار جعفری مشہور اور بڑی بڑی ہستیوں کے خیالات سے واقف ہوتے جارہے تھے تو دوسری طرف اُن کے آس پاس ایسے مناظر تھے جنھیں دیکھ کر اُن کے خیالات میں ہلچل مچنے لگی۔

بلرام پور ایک جاگیردارانہ ریاست تھی۔ اس زمین پر اُگنے والے خوب صورت گیہوں اور دھان کے کھیتوں سے انھیں محبت تھی۔ وہاں کے قدرتی مناظر اُن کے دل میں اتر جاتے تھے۔ مگر اپنے قصبے میں اُن خوبصورت منظروں کے بیچ وہ کچھ ایسے بھیانک منظر بھی دیکھتے تھے جن سے اُن کی روح کانپ جاتی تھی۔ مثلاً گرمیوں کی

چلچلاتی ہوئی دھوپ میں کسانوں کی کمزور پیٹھوں پر اینٹیں لاد دی جاتی تھیں، اور وہ بمشکل جُھک جُھک کر چل پاتے تھے۔ آہستہ چلنے پر جانوروں کی طرح انھیں جوُتے مارے جاتے تھے۔ وہ دُہائیاں دیتے تھے مگر کوئی سننے والا نہ تھا۔ عورتوں کو بالوں کے ذریعے پیڑ کی شاخوں سے لٹکا دیا جاتا تھا۔ اُن کے دُبلے، کمزور اور لاغر بچّے جن کے پیٹ باہر نکل آئے تھے، بھوک سے بلکتے رہتے تھے۔ مگر کوئی انھیں ایک وقت کا کھانا دینے والا بھی نہ ہوتا تھا۔ اس کے علاوہ وہ غریب کسان تھے جو ہرواہے کہلاتے تھے۔ اور نسل در نسل قرض کے بوجھ میں دبے غلامی کا شکار بنے، مزدوری کرتے رہتے تھے۔ زمین دار اور ٹھیکے دار اُن پر جی بھر کے ظلم کرتے اور جب چاہتے اُن کی عورتوں کی جان اور عزت آبرو کو لوٹ لیتے۔

ایک بار ایک ہرواہی جو غالبًا کئی دن کی بھوکی تھی، سردار جعفری کے ہاں اناج صاف کرنے آئی۔ وہ چاول صاف کرتے کرتے، چُپکے سے کچّے چاول کے کچھ دانے اپنے منہ میں ڈال لیتی۔ یکایک سردار جعفری کے بہنوئی کی نظر اُس پر پڑ گئی۔ انھوں نے لپک کر اس کے منہ پر ایک گھونسا مارا۔ ہرواہی نے خون کی کلّی کے ساتھ کچّے چاول تھوک دیے۔ سردار جعفری کے ذہن پر اِس واقعہ کا بہت گہرا اثر ہوا۔ اُن کا دل دُکھ سے بھر آیا۔

ایک اسکول ماسٹر تھے جن کا نام منشی بدری پرشاد تھا۔ وہ بہت غریب تھے۔ ہمیشہ ایک میلا سا کوٹ اور دھوتی پہنے رہتے تھے۔ اگر کوئی بچّہ سوال کا ٹھیک جواب نہ دے پاتا تو وہ اسے تین چار بیدیں

لگاتے اور پھر اُس کے دماغ کے کمزور ہونے کا اعلان کرتے ہوئے اُسے تیل لگانے کی ہدایت کرتے تاکہ دماغ روشن رہے اور حافظہ تیز ہوجائے اور حساب سیکھنے میں دشواری نہ ہو۔ اور یہ تیل وہ خود بنا کر اپنے شاگردوں کو بیچتے تھے۔ سردار جعفری نے جب ہوش سنبھالا تو انھیں ماسٹر منشی بدری پرشاد کی غریبی کا احساس ہوا۔ اور انھیں بچپن میں کی گئی اپنی شرارتیں اور گستاخیاں یاد آئیں تو وہ بہت دُکھی ہو گئے۔

ایک اور غریب شخص میر بق چوُں چوُں سے بھی انھیں ہمدردی تھی۔ جن کی غریبی کا لوگ مذاق اُڑاتے تھے اور ایک دن انھیں ستانے کے لیے ایک مہترانی سے اُن کی فرضی شادی رچائی گئی۔ اُن کا منہہ کالا کر کے انھیں گدھے پر بٹھا دیا گیا۔

سردار جعفری اپنے قصبے کے اِن واقعات سے بڑے دکھی ہوتے تھے۔ ——— وہ اُداس ہو کر سوچنے لگتے۔ آخر یہ مخلوق کہاں سے آئی ہے؟ یہ ظلم کیوں ہو رہا ہے؟ ان پر کوئی احتجاج کیوں نہیں کرتا؟ دیکھا جائے تو انھیں اس بات کا دکھ نہیں تھا کہ یہ دنیا کیوں ہے؟ اور کہاں سے آئی ہے؟ انھیں تو اس بات کا دکھ پریشان کرنے لگا کہ یہ دنیا ایسی کیوں ہے؟ اور غریب پر اتنے ظلم و ستم کیوں ہوتے ہیں؟ امیر ظالم کیوں ہے؟ اب انھیں ہر اس چیز سے نفرت ہوگئی جس سے امیری کی ذرا سی بھی بوُ آتی تھی۔ پہلے وہ عمدہ عمدہ کھانا کھاتے تھے۔ عمدہ سے عمدہ کپڑے پہنتے تھے۔ اب انھوں نے سب چھوڑ دیا۔ ٹینس کھیلنا' شکار کرنا۔ انھیں کسی چیز سے دلچسپی نہیں

رہی۔ صرف کتابیں پڑھتے جن میں سب سے اچھی کتاب انھیں اقبال کی "بانگ درا" لگی جو انھوں نے زبانی یاد کرلی۔ اسی زمانے میں ایک نظم بھی کہی جس کا مرکزی خیال یہ تھا کہ "خدا امیروں کے محلوں میں نہیں ہے بلکہ جو کی روٹی میں ہے۔ پیوندوں کی چادر میں ہے اور کربلا میں چمکنے والی حسینؑ ابن علیؑ کی تلوار میں ہے۔" یہیں سے اُن کے ذہن میں بغاوت اور انقلاب کا جذبہ پیدا ہوا اور وہ مزدوروں اور غریبوں کی حمایت میں آواز بلند کرنے پر آمادہ ہوگئے اور بہت جلد انھیں اس کا موقع بھی مل گیا۔ اور اچانک ایک گانو کے کسانوں نے لگان دینے سے انکار کر دیا۔

ریاست کی فوج نے جواب میں سارے گانو میں آگ لگا دی اور کسان عورتوں کو بے عزت کیا۔ اس پر بڑا ہنگامہ ہوا اور اخباروں میں لے دے مچی۔ کانگرس کی طرف سے پنڈت جواہر لال نہرو اس معاملے کی تحقیق کرنے آئے۔ ریاست کے ملازمین نے انھیں گانو تک جانے سے روک دیا اور راستے میں جابجا گڑھے کھود دیے۔ تاکہ پنڈت نہرو کی کار وہاں تک نہ پہنچے۔ سردار جعفری فوراً اپنے گھر میں ہونے والا جشن میلاد چھوڑ کر پنڈت نہرو سے ملنے وہاں پہنچے اور اس جلسے میں دھواں دھار تقریر کی۔ یہاں گھر میں لوگ انھیں قصیدہ پڑھنے کے لیے تلاش کرتے رہے۔ آخر نوکر کو بھیجا گیا کہ انھیں ڈھونڈ کر لے آئے۔ نوکر نے گھر آکر خبر دی کہ "سردار بھیا تو جواہر لال نہرو کے جلسے میں بولت ہیں اور کہت ہیں انگریج سفید ہاتھی ہے' اُن کا نکال دو"

یہ بات آگ کی طرح تمام عزیز رشتے داروں میں پھیل گئی۔ بڑے بھیاّ کو مشورہ دیا گیا کہ "ابھی سے اس پر پابندی لگا دی جائے نہیں تو یہ لڑکا ہاتھ سے نکل جائے گا" لیکن باپ بیٹے کے مزاج سے بخوبی واقف تھے۔ صرف خاموشی سے مسکرا کے رہ گئے۔ انھیں خبر تھی کہ جو چنگاری سردار کے کچے ذہن میں پرورش پا رہی تھی اب شعلہ بن چکی ہے اور اسے بجھانا مشکل ہے۔ سردار جعفری نے اب باقاعدہ تحریر اور تقریر دونوں طرح سے اس انقلاب میں حصّہ لینا شروع کردیا تھا اور آگے چل کر ایک بڑے مقرر' عالم اور ادیب کی حیثیت سے اُبھرے۔ اُن کے مضامین اس بات کے گواہ ہیں کہ خدا نے انھیں تنقید' تبصرہ اور بحث و مباحثہ کی قوت سے مالا مال کر دیا ہے۔ آگے چل کر انھوں نے جب کبیر' میر اور غالب جیسے شاعروں پر اپنی کتاب "پیغمبرانِ سخن" میں اپنے خیالات کا اظہار کیا تو لوگ اُن کی تقریر کی طرح ان کی تحریر کے بھی قائل ہوگئے۔ لیکن یہ سب اُسی انقلاب کی دین تھی جو اُن کے ذہن میں بسا ہوا تھا اور جس کا اظہار وہ وقتاً فوقتاً اپنے عمل سے کرتے رہتے تھے۔

بلرام پور میں شکر کی ایک بہت بڑی مل تھی۔ جہاں گانوّ سے گنّا جاتا تھا۔ ایک مرتبہ گانوّ سے گنّا اُتارنے والے مزدوروں نے اپنی اجرت میں اضافے کا مطالبہ کیا۔ سردار جعفری کے چھوٹے چچا احمد مختار اس کے سخت خلاف تھے۔ لہٰذا انھوں نے انکار کر دیا۔ مزدوروں نے ہڑتال کر دی۔ ہڑتال توڑنے کے لیے پولیس بلائی گئی' مگر کچھ نہ ہوا۔ جب سردار کو یہ بات معلوم ہوئی تو وہ چپکے سے کسی کو بتائے بغیر

شکر مل گئے اور مزدوروں کی حمایت میں زور دار تقریر کی اور انھیں جوش دلایا کہ "جب تک تمھارا حق نہ ملے تم ہرگز گنا مت اتارنا اور نہ پولیس سے ڈرنا۔ وہ تمھارا کچھ نہیں بگاڑ سکتی۔ میں تمھارے ساتھ ہوں۔"

آخر مزدوروں کی جیت ہوئی اور احمد مختار کو اجرت بڑھانی پڑی۔

برسات شروع ہونے پر کھیتوں میں دھان کی بوائی کا کام شروع ہوتا تھا۔ ایک سال دیکھ ریکھ کی غرض سے بڑے بھیّا نے سردار جعفری کو وہاں بھیج دیا۔ مگر انھیں یہ جان کر بڑا تعجب ہوا کہ سردار نے وہاں جاکر سب کھیت مزدوروں کی تنخواہ بڑھا دی اور پُرانے قرضے معاف کر کے چلے آئے۔

زندگی اسی طرح گزر رہی تھی کہ انھیں مزید تعلیم کی غرض سے علی گڑھ بھیج دیا گیا۔ جہاں جاکر اُن کی زندگی میں وہ زبردست تبدیلی آئی جس نے سردار جفری کو سردار جعفری بنا دیا۔ اب مذہبی جلسوں، میلادوں اور محفلوں میں قصیدے پڑھنے والا وہ لڑکا نہ رہا، بلکہ ایک انقلابی اور باغی طالب علم اور شاعر سامنے آیا۔ علی گڑھ ان دنوں آزادی اور اردو ادب دونوں تحریک کا مرکز بنا ہوا تھا۔ جس وقت سردار وہاں پہنچے اس نئی تحریک کے نقوش اُبھر رہے تھے۔ سبط حسن، اختر حسین رائے پوری، حیات اللہ انصاری، سعادت حسن منٹو، مجاز، جاں نثار اختر، آل احمد سرور، سب وہاں تھے۔ پھر عصمت چغتائی اور جذبی بھی اس قافلے میں شامل ہو گئے۔ ڈاکٹر اشرف، ڈاکٹر عبدالعلیم اور رشید احمد صدیقی جیسے اساتذہ موجود تھے۔ علی گڑھ میں سردار نے

مغربی ادیبوں کا مطالعہ بھی کیا۔ جس میں گوئٹے نے ان کے خیالات میں ایک بار پھر انقلاب برپا کر دیا۔ لینن کی سوانح عمری پڑھنے کے بعد تو ذہن کے سارے دروازے کھلتے چلے گئے اور انھیں بلرام پور کے مزدوروں، کسانوں، غریب و بے کس عورتوں اور ہرواہوں کے دکھ دور کرنے کا راستہ مل گیا۔ انھوں نے باقاعدہ یونین کی کارروائیوں میں حصّہ لینا شروع کیا اور نتیجہ نکلا کہ ایک دن علی گڑھ کالج کے وائس چانسلر سر ضیاء الدین کی جانب سے بڑے بھیّا کو ایک خط ملا جس میں لکھا تھا کہ "سردار نے برٹش گورنمنٹ کی تقریر میں ہمارے کئی ہزار لڑکوں کے خیالات بدل دیے ہیں اور اس جرم میں انھیں تین سال کے لیے کالج سے نکال دیا گیا ہے۔"

بڑے بھیّا سر پکڑ کر بیٹھ گئے۔ تھک ہار کر انھیں دہلی کے عریک کالج میں داخل کر دیا گیا۔ وہاں بھی تقریروں کا سلسلہ جاری رہا۔ بہر حال جیسے تیسے کر کے بی۔اے کر لیا اور دہلی سے بی۔اے کرنے کے بعد ۱۹۳۸ء میں لکھنؤ یونیورسٹی میں داخلہ لیا۔ پہلے بڑے بھیّا کی خواہش پر ایل۔ایل۔بی میں پھر خود اپنی مرضی سے ایم۔اے میں۔ جب وہ لکھنؤ آئے تو مجاز وہاں پہلے سے موجود تھے، یہ وہ زمانہ تھا جب دوسری جنگ عظیم چھڑ چکی تھی اور ہندستان میں آزادی کی تحریک اپنے شباب پر تھی۔ اسی زمانے میں انجمن ترقی پسند مصنّفین کی بنیاد پڑی جس میں قاضی عبدالغفار، جوش ملیح آبادی، سجاد ظہیر، سبط حسن، مجاز، علی جواد زیدی، ڈاکٹر رشید جہاں وغیرہ شامل تھے۔ سردار جعفری بھی ان میں شامل ہو گئے۔ زور و شور سے ترقی پسند ادب تخلیق پا رہا

تھا۔ ان سبھوں نے مل کر ایک رسالہ "نیا ادب" اور ایک اخبار "پرچم" کے نام سے نکالنا شروع کیا۔ یہ سب نو عمر ترقی پسند عجیب زندگی گزار رہے تھے کچھ تو ابھی کالجوں یا یونیورسٹیوں میں پڑھ رہے تھے۔ کچھ اپنی تحریروں کی وجہ سے مشہور ہو چکے تھے اور کچھ بے کار آوارہ پھر رہے تھے۔ ان سب کی بغاوت کا انداز بڑا دلچسپ تھا۔ یہ سب بیرونی سامراج کے مخالف تھے اور دنیا کو بدل ڈالنا چاہتے تھے لیکن یہ سب اکثر روایت پرست گھرانوں سے تعلق رکھتے تھے' جہاں ایسی باتیں معیوب سمجھی جاتی ہیں۔ لہٰذا انھیں اپنے مقصد کے لیے الگ الگ راستے اختیار کرنا پڑے۔ یہ کبھی چوراہوں پر کھڑے ہو کر سیاسی تقریریں کرتے۔ کبھی صاف ستھرے ڈرائنگ روموں میں بیٹھ کر بحث مباحثے کرتے۔ کبھی کتابیں اور رسالے شائع کرتے۔

ایک دن سبطِ حسن' مجاز اور سردار جعفری اس بات پر بحث کر رہے تھے کہ انگریز اپنے کتّوں کا نام ٹیپو کیوں رکھتے ہیں۔ انھیں پتا چلا تھا کہ یہ دراصل مجاہد آزادی ٹیپو سلطان سے نفرت کے اظہار کا ایک طریقہ تھا۔ مجازؔ نے جو سب سے زیادہ شریر تھے یہ مشورہ دیا کہ ہم لوگ بھی ایک کتا پالیں گے اور اس کا نام نیلسن رکھیں گے۔

سبطِ حسن فوراً باہر سے ڈھونڈ ڈھانڈ کر ایک خوبصورت کتّے کا پلاّ اٹھا لائے جس کا نام تینوں نے مل کر نیلسن رکھ دیا اور اتنا خوش ہوئے جیسے انگریزوں سے ٹیپو سلطان کا بدلہ لے لیا ہو۔ جب کبھی کُتّے کو لے کر یہ تینوں باہر نکلتے تو کسی انگریز کو دیکھ کر جان بوجھ کر نیلسن یعنی اپنے کتّے کو آواز دیتے۔ ایک بار کسی پکچر ہاؤس سے نکلتے ہوئے ایک

انگریز شرابی سے اسی بات پر گھونسے بازی ہوگئی۔ آخر انگریز ہار گیا اور تینوں خوش خوش گھر لوٹے۔

سردار جعفری جب تک لکھنؤ میں رہے۔ ہر سنیچر کو بلرام پور جاتے اور اتوار کا دن گھر والوں کے ساتھ گزارتے۔ اس وقت وہ اکثر اپنی بہنوں کے لیے نئی کتابیں لاتے تھے۔ مثلاً گاندھی جی اور جواہرلال نہرو کی سوانح عمری' "پھانسی کے سائے" وغیرہ رات بھر جاگ کر وہ اپنی بہنوں کو یونیورسٹی کی ہفتہ بھر کی رپورٹ سناتے کہ کس طرح وہ اور اُن کے ساتھی آزادی کے لیے کام کر رہے ہیں اور اس طرح دھیرے دھیرے وہ اپنے بہن بھائیوں کے خیالات میں بھی انقلاب لانے میں کامیاب ہوگئے اور ملک کی آزادی کا احساس انھیں بھی ہونے لگا۔

ایک مرتبہ جب وہ لکھنؤ آئے تو اپنے ساتھ ہاتھ کا بنا ہوا کھدّر لائے جو بے حد موٹا اور کھُردرا تھا۔ ستارہ سے کہا "تم اس کے پلنگ پوش سی دو" بہن نے حیران ہو کر پوچھا۔ "اسے کون پہنے گا؟" کہا۔ "ہم پہنیں گے۔ مگر بھابی کو مت بتانا"

مگر بھابی یعنی ماں کی نظر ان کپڑوں پر پڑ ہی گئی۔ بڑی بہو سے پوچھا۔

"دلہن! کیا بچوں کے لیے ایسے موٹے کپڑے کی تم نے بچھونیا بنائی ہے؟" بہو خاموش رہیں۔ زاہدہ خاتون نے پھر پوچھا۔ "آخر یہ آیا کہاں سے؟"

ستارہ نے جواب دیا۔ سردار بھائی لکھنؤ سے لائے ہیں۔ اپنے کسی

دوست کے لیے پاپجامے سلوا رہے ہیں۔"
زاہدہ خاتون اس جھوٹ سے واقف نہ تھیں۔ ہمدردی بھرے لہجے میں بولیں۔
"ایسا ہے کہ جو پہنے گا اس کا بدن چھل جائے گا۔"
سیدھی سادی اور بھولی بھالی ماں کو یہ خبر نہ تھی کہ اتنا موٹا کھدّر خود اُن کا لاڈلا بیٹا پہننے والا تھا۔
آزادی کی تحریکیں اسی طرح زوروں پر تھیں۔ گاندھی جی کی رہنمائی میں ستیہ گرہ جاری تھی۔ روزانہ کوئی نہ کوئی قومی رہنما گرفتار ہوتا تھا اور ہر گرفتاری پر لکھنؤ یونیورسٹی کے طلبہ احتجاج کرتے تھے اور اسی احتجاج کے دوران ۱۹۴۰ء میں سردار جعفری گرفتار کر لیے گئے۔ انھیں لکھنؤ ڈسٹرکٹ جیل میں منتقل کر دیا گیا۔ یہ ان کا جیل کی زندگی کا پہلا تجربہ تھا۔ وہاں وہ یونیورسٹی میں گزارے ہوئے حسین لمحات کو یاد کرتے رہے۔ وہیں ان کی ملاقات سردار چندر سنگھ گڑھوالی اور بھگت سنگھ کے تین ساتھی ڈاکٹر گیا پرشاد' جے دیو کپور اور شیو ورما سے ہوئی جو عمر قید کی سزا کاٹ رہے تھے یہیں رہ کر انھوں نے زندگی اور اس کے مقصد کو پہچانا۔ وہاں سے انھیں بنارس سنٹرل جیل بھیج دیا گیا۔ جیل میں رہ کر انھوں نے کئی خوب صورت نظمیں کہیں۔ آخر کار جون ۱۹۴۱ء میں انھیں رہا کر دیا گیا۔ جس وقت وہ بلرام پور اسٹیشن پہنچے تو نوجوانوں اور آزادی کے متوالوں کا ایک گروپ ہار پھول لیے اُن کا منتظر تھا۔ ایک یکّے پر بٹھا کر اُن کا شاندار جلوس نکالا گیا اور ساری فضا علی سردار جعفری زندہ باد کے نعروں سے گونج

اٹھی۔ چند دنوں بعد وہ بمبئی چلے آئے۔

اِس عرصے میں خاندان میں کئی واقعات پیش آئے۔ سردار جعفری کے چچا کا انتقال ہوگیا اور اس غم سے اُن کے والد یعنی بڑے بھیّا بھی بیمار ہو گئے۔ دن بدن اُن کی صحت گرنے لگی۔ انھیں اگر کوئی خواہش تھی تو بس یہی کہ مرنے سے پہلے سردار کا سہرا دیکھ لوں۔ آخر کار سردار جعفری سے رائے لی گئی اور ان کی شادی بمبئی میں بہت سادہ طریقے سے سلطانہ جعفری سے ہوگئی۔ یہ ۳۰ جنوری ۱۹۴۸ء کی بات ہے۔ اس کے ایک سال بعد ہی ان کا پہلا لڑکا ناظم پیدا ہوا۔ لیکن اس وقت سردار جعفری پھر گرفتار ہو کر جیل کی زندگی گذار رہے تھے۔ جہاں انھوں نے اپنے بچّے کے نام خوبصورت نظم "نیند" اور "پتھر کی دیوار" کی بہت سی نظمیں لکھیں۔

۱۹۵۳ء میں بڑے بھیّا کے انتقال کے بعد سردار جعفری نے اپنی دونوں بہنوں کو اپنے پاس بمبئی بُلا لیا اور یہیں کے ہو رہے۔ اب اُن کی ساری ادبی اور جماعتی سرگرمیاں اسی شہر سے وابستہ ہو گئیں۔ سردار جعفری تقریباً نصف دنیا کی سیر کر چکے ہیں۔ پورا ہندستان گھوم چکے ہیں لیکن آج بھی بمبئی ہی میں مقیم ہیں۔

سردار جعفری کی شخصیت ایک وسیع شخصیت ہے اُن کی شخصیت کے کئی پہلو ہیں وہ ایک شفیق باپ' ایک ٹوٹ کر چاہنے والا شوہر' ایک محترم و مشفق بھائی ہی نہیں بلکہ ایک زبردست خطیب' شعلہ بیان مقرر' ایک اچھے شاعر' ادیب اور نقّاد بھی ہیں۔ انھوں نے

انقلاب میں بڑھ چڑھ کر حصّہ لیا ہے ملک کی آزادی کے لیے آواز اٹھائی ہے۔ انگریزوں کے خلاف دھواں دھار تقریریں، پُرجوش نظمیں لکھی ہیں۔ وہ مختلف علوم اور دنیا کی مختلف زبانوں کے ادب پر گہری نظر رکھتے ہیں۔ وہ علم کا ایک سمندر ہیں۔ اُن کے علم کا اندازہ ان کی شعری اور نثری کتابوں سے ہوتا ہے جن کی تعداد تقریباً آٹھ شعری مجموعوں اور چھ سات نثری مجموعوں پر مشتمل ہے۔ اُن کی بہت سی نظمیں دنیا کی مختلف زبانوں میں ترجمہ ہوئی ہیں۔ مختلف انعامات و اعزازات سے بھی نوازا گیا ہے۔ وہ ایک کامیاب صحافی بھی رہ چکے ہیں اور ٹی وی پروڈیوسر کی حیثیت سے کئی سال تک "محفل یاراں" جیسا مقبول پروگرام پیش کرتے رہے ہیں۔ اس کے علاوہ اردو کے مشہور شاعروں سے متعلق انھوں نے ایک ٹی وی سیریل "کہکشاں" بھی بنایا تھا جو ادبی حلقوں میں کافی پسند کیا گیا۔ وہ کئی سرکاری اداروں اور انجمنوں میں مختلف عہدوں پر فائز ہیں۔ دنیا کے مشہور اور بڑے لوگوں سے اُن کے نہ صرف تعلقات رہے ہیں بلکہ دوستی بھی رہی ہے۔

سردار جعفری ایک اچھے انسان بھی ہیں۔ غرور انھیں دور دور تک چھُو کے نہیں گیا۔ وہ اپنے چھوٹوں سے بھی بڑی خندہ پیشانی سے ملتے ہیں اور اپنے مخالفین کے لیے بھی بُرے کلمات زبان سے نہیں نکالتے۔ اپنے بعد آنے والے شاعروں اور ادیبوں کی حوصلہ افزائی ان کی عادت ہے۔ پڑوسیوں سے بھی بے حد محبت کرتے ہیں۔ اپنے دوستوں سے بڑے خلوص سے پیش آتے ہیں۔

غرضیکہ سردار جعفری کی شخصیت ایک سمندر کی طرح ہے اور اردو ادب میں ایسے لوگ جلدی پیدا نہیں ہوتے۔ انھیں ایک نعمت سمجھ کر ہمیں اُن کی قدر اور احترام کرنا چاہیئے۔ اللہ انھیں عمر خضر عطا فرمائے آمین۔

☆ ☆ ☆